Leo Lausemaus

Mein Mitmachbuch

Mama Lausemaus hat schon mehrmals nach Leo gerufen, doch er scheint einfach nicht **wach** zu werden.

Siehst du **Leos Füße**, die unter der Bettdecke herausragen?

Kitzle ihn doch, vielleicht wacht er dann auf!

Hihi, das kitzelt!

Leo ist nun endlich wach!

Zeit zum Baden!
Da hat Leo aber viel **Schaum** in der Badewanne!

Schnell - **tippe die Seifenblasen an**,
bevor sie durch das ganze Badezimmer fliegen!

Toll gemacht!

Der **Schaum** ist in der
Badewanne geblieben – und auf Leo.

Leo hat **Geburtstag**!

Puste doch gemeinsam mit Leo
die Kerzen auf der Torte aus!

Super gemacht!

Jetzt können die leckeren **Tortenstücke** an alle Lausemäuse verteilt werden!

Dieses Jahr gibt es viele leckere **Äpfel** am Apfelbaum,
aber sie hängen so hoch!

Kannst du Leo und seinen Freunden beim Pflücken helfen,
indem du **das Buch kräftig schüttelst**?

Hurra!

Fast alle **Äpfel** sind herabgefallen.
Jetzt können Leo und seine Freunde
sie einsammeln.

Lecker!

Für den Lausemaus Familienurlaub
muss Leo Einiges einpacken.

Oje! Der **Koffer** lässt sich
nicht mehr schließen!

Klappe das Buch zu und klopfe zwei Mal fest darauf,
damit Leos Sachen in den Koffer passen.

Super!

Jetzt passt alles in den **Koffer** und
der Urlaub kann beginnen.

Hmm, Leo ist noch nicht ganz
zufrieden mit seinem **Bild**.

Es ist noch nicht **bunt** genug.
Das kannst du ändern!

Lege deinen Finger auf die richtigen Farben und male das Bild nach.

Schon viel besser!

Jetzt hat das **Bild** tolle **Farben**!

Leo und Fipsi wollen auf der **Wippe** abwechselnd auf und ab wippen.

Kippe das Buch doch mal genauso **auf und ab.**

Hui!

Es geht hoch und runter!
Das macht Spaß!

Mama Lausemaus möchte gerne **telefonieren**. Die Nummer kann Leo schon für sie **wählen**!

Findest du die Zahlen aus der Telefonnummer auf dem Telefon?

Tippe sie ein:

3 7 9

Genau so!

Jetzt kann Mama Lausemaus
sofort **lostelefonieren**.

Zum **Schaukeln** braucht Leo viel Schwung.

Hilf Didi dabei ihn anzustupsen und

—schiebe→ das Buch kräftig nach vorne und zurück!

Toll!

Jetzt kann Leo schon ganz hoch **schaukeln**!

Leo und Teddy wollen zusammen **rutschen**.

Kippe das Buch so, dass sie hinunter sausen können!

Jippie!

Schon sind Leo und Teddy **unten**!

Leo versucht Didi zu **fangen**,
aber er ist ganz schön schnell!

Wenn du
schnell das Buch zuklappst,
kann er Didi vielleicht schnappen.

Super!

Dank dir konnte Leo Didi **fangen**!

Leo besucht heute den Zahnarzt. Dafür muss er den Mund weit **aufmachen**.

Sage laut Ahhhh,

sodass der Zahnarzt Leos
Mausezähnchen gut sehen kann.

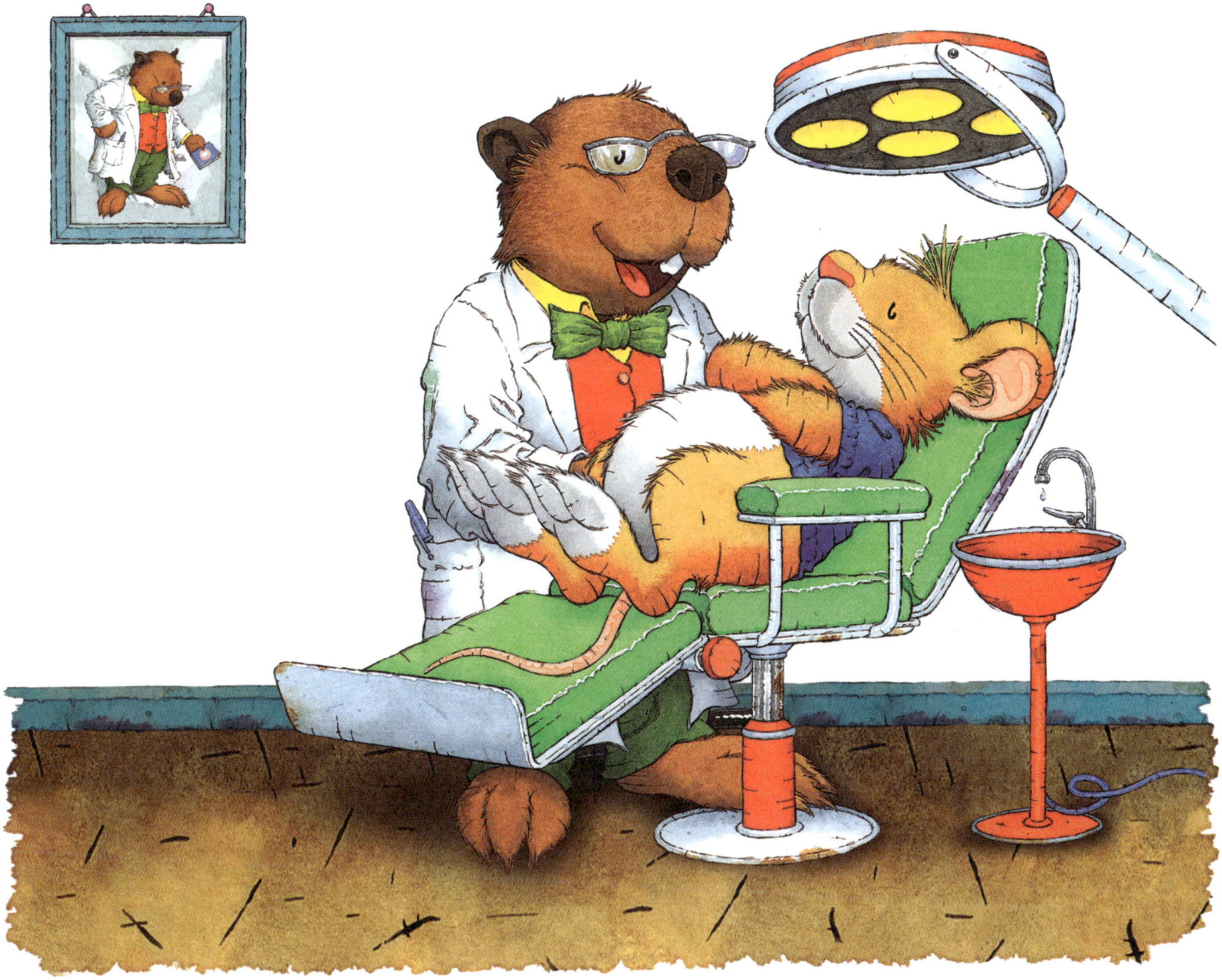

Sehr gut!

Leo ist eine
tapfere kleine Maus!

Nanu, wo ist denn **Teddy**?

Kannst du ihn finden und

Leo **zeigen**, wo er ist?

Da ist er ja!

Dank deiner Hilfe hat
Leo seinen **Teddy** wieder!

Was sind das für seltsame Geräusche?

Leo und Didi entdecken im Keller die **Waschmaschine**, aber sie scheint nicht richtig zu laufen.

Vielleicht läuft sie
wieder richtig, wenn du

das Buch dreimal im Kreis drehst …

Klasse!

Die **Waschmaschine** funktioniert wieder!

So viel Schnee!
Leo und Didi wollen gleich eine Runde **Schlitten** fahren.

Du kannst sie
noch schneller fahren lassen, wenn du

das Buch zur Seite kippst!

Huiiii!

Das war lustig!
Das machen Leo und Didi
gleich nochmal!